AF498283

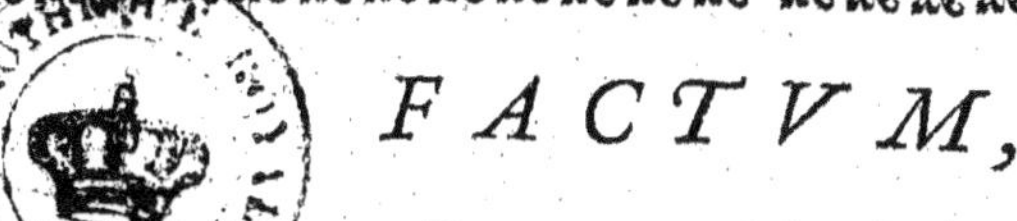

FACTVM,

POVR Simon Romanet, Marchand Banquier de la Ville de Limoges, demandeur en recelé.

CONTRE Pierre Romanet, Marchand Banquier de la Ville de Lion, deffendeur.

LA question du recelé n'eſt qu'vn acceſſoire du procez principal, & vn mal-heureux incident que le deffendeur s'eſt à deſſein preparé pour ſeruir de retranchement à ſa mauuaiſe foy ; car ne pouuant plus nier vne creance, dont les preuues portent la lumiere, & la conuiction dans toute ſorte d'eſprits, il taſche de la rendre illuſoire par le diuertiſſement qu'il a fait d'vne partie de ſes meilleurs effects, & cherche de l'abry ſous vne impuiſſance qui n'a rien de veritable que la ſimulation & la feinte.

Le deffendeut ſçait tres-bien qu'il ne peut pas eſperer grand aduantage de cela, mais il l'auoit promis au demandeur lors qu'il le chaſſa de ſon logis auec inhumanité ; Sans doute qu'il a voulu le replonger en des nouuelles chicanes, pour luy donner touſiours auſſi de nouuelles peines, & dégager ſa parole par vne ſuitte de vexations ; Voila tout le fruict qu'il s'en propoſe ; mais il n'a pas tellement caché ſes fraudes & ſes larrecins, qu'il ſoit fort mal-aiſé de les trouuer, & les mettre en éuidence.

Ce n'eſt pourtant pas ſans vn extréme déplaiſir, que le demandeur eſt obligé d'éuenter cette mine, & démeſler encores cette fuſée, ſi le deffendeur n'euſt rejeté tous les accommodements raiſonnables, s'il n'euſt fermé les oreilles à la voix des amis communs qui ſe ſont interpoſez, s'il n'euſt foulé leur aduis aux pieds auec inſolence, s'il n'euſt violé tous les deuoirs du ſang & de la nature, s'il n'euſt renoncé tout à fait aux ſentiments de l'honneur & de la conſcience, iamais le demandeur n'auroit pris cette voye, ny découuert ce myſtere d'iniquité.

Son intention n'estoit pas de heurter vne reputation qui n'a plus rien d'entier, & qui n'est desia que trop chargée ; le nom qu'il porte l'esloignoit entierement de cela, mais la necessité luy sert d'excuse, & le deffendeur aussi bien n'est plus son frere ; c'est en effect vn pyrate qui le vole, c'est vn perfide qui le trahit, c'est vn meurtrier qui le tuë, c'est vn rauisseur qui s'enfuit auec son bien ; pour le r'auoir, il est forcé de courir apres, & de consumer à cette poursuitte le reste de ses forces & de sa substance.

Dans le premier pas qu'il a desia fait en Iustice, il a clairement iustifié de tout ce que le deffendeur luy doit en qualité de caution & de mandataire : Dans le second qui luy reste à faire, il cherche de l'asseurance pour son payement, & parce qu'il rencontre dans son chemin des personnes qui se disent Creanciers du deffendeur, & qui le veulent arrester, en l'accusant d'intelligence, & luy opposant le Concordat fait auec eux le 13. Aoust 1654. où le deffendeur n'a pas seulement declaré la moitié de ses effects : Pour faire voir qu'il agit tout de bon & sans fraude, & pour n'estre pas aussi reduit au sol la liure, que peut faire le demandeur autre chose ? sinon de monstrer que le deffendeur n'est pas vn homme déconfit, & qu'il a beaucoup plus qu'il ne faut pour payer toutes ses debtes ; Or cela dépend de l'estat veritable de son bien, qui ne se peut sçauoir sans toucher à ses recelés ; & c'est principalement encores pour cette raison que le demandeur est non pas obligé simplement, mais necessité de découurir tous les effects que le deffendeur a souftrait frauduleusement, & dont il n'a point donné de lumiere dans le pretendu Concordat.

Il n'aura pas en cela beaucoup de peine, car ils sont desia tous indiqués, & pour les trouuer aisément, il n'y a qu'à suiure les flambeaux que le deffendeur fournit, & qu'il allume luy-mesme.

Le premier, c'est vn Inuentaire des debtes tant actiues que passiues que le deffendeur auoit en Decembre 1649.

Le second, c'est vn Inuentaire des quittances tant de l'Espargne, que du Sieur de Portes Receueur general en Dauphiné : Prouisions d'Offices, & autres pieces que le deffendeur deposa chez le Sieur Vidaud de Lion son cousin germain le 17. Iuillet 1648.

Le troisiesme, c'est vn Inuentaire des quittances qui furent encores déposées chez ledit Sieur Vidaud par le deffendeur le 20. Octobre 1648.

Le quatriesme, est vn Inuentaire des quittances que le Sieur

Breton retira de l'Espargne à Paris par l'ordre dudit Sieur Vidaud, & qu'il luy enuoya à Lion le 22. Octobre 1649.

Le cinquiefme, eft vn Inuentaire qui contient deux debtes comprifes dans le premier.

Le fixiefme, confirmatif des precedents, eft vn Inuentaire des pieces que le deffendeur a retiré de temps en temps des mains du Sieur Vidaud, faifant partie de celles qu'il auoit mis en dépoft chez luy le 17. Iuillet 1648.

Le feptiefme & dernier, qui fert encores pour eftablir dauantage la verité des autres, eft vn Inuentaire des pieces qui font reftées és mains du Sieur Vidaud depofitaire, & qui en ont efté retirées par le deffendeur le 12. Mars 1656.

On ne peut pas tirer des preuues plus infaillibles & plus éuidantes du recelé, que de ces Topiques, ny confronter au deffendeur de meilleurs tefmoins pour l'en conuaincre que ces Inuentaires ; s'il a quelques faicts de reproches, c'eft à luy à les articuler, & au demandeur à fournir de faluations au contraire.

Le premier Inuentaire tefmoigne qu'il eft deub au deffendeur treize cens quarante-deux mil trois cens vingt-quatre liures par cent quarante-vn debiteurs, entre lefquels Iean François de Pradel, & Iean Pierre Robbio font couchés aux articles 112. 131. 134. 137. pour fept cens mil deux cens quatre-vingts quatorze liures ; ces quatre articles déduits des 141. il en refte 137. montants à la fomme de fix cens quarante-deux mil trente liures ; fur laquelle déduifant auffi vnze mil fept cens foixante-vnze liures, contenus dans les articles 40. & 45. que le deffendeur auoit à prendre fur la Dame de la Baziniere, & fur le Sieur du Peirat, & dont il a fait tranfport aux Sieurs Bachelliers de Paris, & au Sieur Martin de Limoges, il luy refte toufiours encores deub en 135. articles de cét Inuentaire, la fomme de fix cens trente mil deux cens cinquante-huict liures ; neantmoins dans le Concordat qu'il a fait auec fes Creanciers le 13. Aouft 1654. de ces cent trente-cinq debiteurs, reftans des cent quarante-vn, il n'en accufe que quinze des plus infoluables, & fixe toutes fes debtes actiues à cent cinquante-vn mil cent quatre-vingts fept liures, d'où s'enfuit que de ce chef là feul, il a recelé quatre cens foixante dix-neuf mil foixante-vnze liures.

Que dit le deffendeur contre la depofition de ce premier tefmoin ? voudroit bien en rendre la foy fufpecte, mais il ne peut pas nier que cét Inuentaire ne foit efcrit de la main d'Anthoine Romanet qui tenoit ſes Liures à Lion , & qu'il n'ait eſté baillé au demandeur par ſon ordre lors du compte qu'ils arreſterent en Decembre 1649. Et de fait , apres auoir dit ſans y penſer, que c'eſt vne piece informe & fabriquée par le demandeur, il ſe reprend incontinant ; & la verité plus forte que le menſonge, le contraint d'aduoüer que tout le credit de cét Inuentaire ſe monte à ladite ſomme de treize cens quarante-deux mil trois cens vingt-quatre liures ; Mais il dit, qu'outre la ſomme de ſept cens mil deux cens quatre-vingts quatorze liures deuë par les Sieurs de Pradel & Robbio, & celle de vnze mil ſept cens ſoixante-vnze liures , dont on luy accorde pareillement la diminution , il en faut encores diſtraire les articles 23. 88. 89. 90. 102. 115. 119. 124. 127. 128. & 141. reuenants à la ſomme de deux cens quarante-trois mil trois cens trente-ſept liures treize ſols, dont il pretend auoir payé quelques-vns de ſes Creanciers qui ſont cõpris dans ledit Inuentaire , mais il ne iuſtifie rien de cela ; partant il n'eſt pas de ſi bonne foy , qu'on ſoit obligé de le croire ſur ſa parole.

C'eſt auſſi mal à propos qu'il a voulu meſler en cét endroit les effects de Dauphiné, car il ſçait bien qu'ils ont leurs Inuentaires à part, où ils ſont expliqués fort diſtinctement , par noms , par quittances , par ſommes , & par années ; Il les a ſigné luy-meſme en 1651. & on ne manquera pas de les faire venir à leur tour ; mais ce n'eſt point icy leur propre lieu , parce qu'ils n'ont rien de commun auec le premier Inuentaire ; Que ſi le deffendeur apprehende que l'on ſe trompe dans la recherche que l'on fait, il n'a qu'a produire ſes Liures , & les rapportant à la Cour , il ſera facile de monſtrer que l'on ne compte pas deux fois vne meſme choſe.

Ne pouuant iuſtifier aucun employ veritable , il feint encores que depuis Decembre 1649. iuſques au Concordat du 13. Aouſt 1654. il a payé par tranſport ou autrement à diuers particuliers, auſquels il deuoit la ſomme de cent vingt-ſix mil cinq cens quatre-vingts dix-ſept liures dix-huict ſols , dont il dit auoir fait vn memoire particulier ; mais ce memoire particulier ne paroiſt point, il n'a iamais eſté ny produit ny ſignifié , quand il le rapportera, quand il cottera les articles baillez en payement , quand il nommera les Creanciers qu'il en pretend auoir ſatisfaits , & qu'il repreſentera leurs quittances , on verra ce qu'il y faudra reſpondre , mais iuſques-là le demandeur ſouſtient auec raiſon , que tous ces payements ſont imaginaires , & des faicts jettés en l'air.

Il dit auec auſſi peu de fondement , que le contenu dans les articles 50. 59. 64. 65. 66. 67. 70. 71. 72. & 74. ne luy appartenoit pas, & qu'il eſtoit deub à Eſtienne Romanet ſon frere ; mais il ne faut point encores à cela d'autre reſponſe que la particule negatiue, le demandeur aduoüe que ceux qui ſont nommez en ces articles eſtoient originairement debiteurs d'Eſtienne Romanet : mais ils changerent de main, car Eſtienne Romanet en 1645. delegua ces meſmes debiteurs au deffendeur, pour demeurer quitte de pareille ſomme qu'il auoit receu de luy; Ce n'eſt pas vne imagination du demandeur, c'eſt vne verité qu'il certifie par vne miſſiue, & vn memoire qu'il receut en ce temps d'Eſtienne Romanet ; Ainſi par le moyen de cette delegation ces debiteurs n'appartenoient plus à Eſtienne Romanet, mais au deffendeur, qui par conſequent n'a pû les luy remettre du depuis au preiudice de ſes Creanciers ; que s'il en a fait la remiſe non gratuitement, mais pour s'acquitter de quarante-trois mil deux cens douze liures qu'il paroiſt luy deuoir en l'article 92. des effects paſſifs énoncez en ce premier Inuentaire, il faudroit touſiours que Eſtienne Romanet non ſeulement en fiſt ſa declaration, mais qu'il rendit la ſomme de quatre mil trois cens quatre-vingts dix-ſept liures ſeize ſols, à quoy les 10. articles deleguez montent dauantage que ce qui luy eſtoit deub par le deffendeur.

Mais pour luy monſtrer en cela de l'impoſture, c'eſt que dans l'article 64. feutrier malaual, eſt couché pour debiteur de dix mil quatre cens trente liures; & neantmoins il declare dans le Concordat qu'il a fait auec ſes Creanciers, que ce meſme feutrier malaual luy doit la meſme ſomme de dix mil quatre cens trente liures, donc il ne l'auoit pas remis à Eſtienne Romanet.

Pour l'article 74. qui contient vne ſomme de trois cens liures deuë par le Sieur François Nicot de Limoges, le deffendeur ne peut pas diſconuenir qu'elle ne fuſt compriſe dans la ſomme de ſix mil trois cens quarante-huict liures, qu'il auoit eu par tranſport dudit Eſtienne Romanet, & dont le demandeur luy a tenu compte par l'article 9. de la Sentence Arbitrale renduë entre les parties le 8. Iuillet 1655. donc il n'eſt pas encores vray qu'il euſt remis l'article 74. S'il a ſuppoſé de la ſorte dans ces deux articles, qu'elle croyance peut-il eſperer dans tous les autres ?

Il reſtoit touſiours encores à ſon compte la ſomme de cinquantetrois mil trois cens cinquante-ſept liures, pour ajuſter ſes meſures & trouuer ſon compte : Il dit qu'vne partie de ſes debiteurs eſtoient

infoluables , & qu'il auoit receu de l'autre plufieurs petites fommes
dont il a fait vn eftat , & qu'il auoit employé pour la fubfiftance de fa
maifon : On pourroit luy refpondre qu'il ne deuoit pas nourrir fa
famille du bien d'autruy , ny l'entretenir aux defpens de celle du
demandeur , qui gemit à fon occafion fous le poids de la neceffité :
Mais encores où eft la preuue de ce faict ? où eft cét eftat dont il parle ? où eft la iuftification de tous ces emplois ? Il ne faut pas le preffer
dauātage, car ce feroit l'obliger à l'impoffible, donc ny cette fomme
de cinquante-trois mil trois cens cinquante-fept liures , ny celle de
quarante-fept mil fix cens neuf liures feize fols , à quoy montent
les 10. articles qu'il pretend auoir remis à Eftienne Romanet , ny
celles de cent vingt-fix mil cinq cens quatre-vingts dix-fept liures
dix-huict fols , & de deux cens quarante-trois mil trois cens trente-
fept liures , dont il pretend auoir acquitté fes debtes , ne peuuent
iuftement venir en déduction fur le premier Inuentaire , quoy
qu'elles fuffent encores deuës lors du Concordat , il les a fuprimé
frauduleufement pour les dérober à la connoiffance de fes Creanciers legitimes ; Ainfi voila dans ces quatre fommes le recelé de
quatre cens foixante dix-neuf mil foixante-vnze liures conftant &
manifefte : Mais ce n'eft pas tout , il faut encores foüiller plus
auant.

  Le fecond Inuentaire reconnu par le deffendeur & figné pareillement de luy, jette encores de plus fortes lumieres, & fait foy, premierement des fommes qui luy eftoient deuës en fon particulier ,
lors de la Declaration de Iuillet 1648. pour les années 1642. 1643.
& 1644. Le premier article de ce fecond Inuentaire porte , qu'il eft
deub au deffendeur en deux quittances comptables pour l'année
1642. fur l'Eflection de Vienne fept mil neuf cens foixante-cinq
liures fept fols fix den. Au fecond article deub pour l'année 1643.
fur la mefme Eflection , cinquante-cinq mil fix cens trente-cinq
liures dix-neuf fols quatre deniers en fix quittances : Au 3. 4. & 5.
pour l'année 1644. deub fur l'Eflection de Vienne , foixante dix-
fept mil cent dix-neuf liures trois fols en quatre quittances : Sur la
Recepte generale du Pays, trois mil liures ; Sur l'Eflection de Valance , vingt mil liures ; ces cinq articles ramaffez en vne mefme
fomme font cent foixante-trois mil fept cens vingt liures dix fols ,
qui luy eftoient encores deuës apres la reuocation des prefts pour les
années 1642. 1643. & 1644. Combien en accufe-il au Concordat ?
foixante mil liures, doncques les cent trois mil fept cens vingt liures

restantes sont vn recelé veritable, non pas le songe d'vn visionnaire.

Que respond à cela le deffendeur, comme il voit que toutes ces pieces sont sa conuiction, il se plaint, & dit qu'elles luy ont esté mal prises ; mais ce n'est pas deffendre, car il n'est pas question de sçauoir comme quoy, ny par quels ressorts ces pieces sont venuës entre les mains du demandeur, puis qu'il ne disconuient pas que la somme de cent soixante-trois mil sept cens vingt liures dix sols, ne luy fust deuë sur les années 1642. 1643. & 1644. & que neantmoins il n'en aduoüe que soixante mil liures dans le Concordat ; Il faut qu'il iustifie l'employ du restant, ou qu'il le mette sous la categorie de ses autres soubstractions.

Comme il se voit pris, & qu'il ne s'en peut sauuer, il tasche de faire croire que dés auparauant la Declaration du mois de Iuillet 1648. il auoit receu des Receueurs particuliers de la Prouince de Dauphiné, sur de simples recepicés, vne somme de quatre-vingts treize mil cinq cens liures, en déduction de ce qui luy estoit deub pour les années 1642. 1643. & 1644. & que du depuis il auoit retiré du Sieur Vidaud les quittances du Receueur general, pour les donner aux Receueurs particuliers en eschange de ses recepicés.

Les autres responses qu'il a fait ne blessent que la verité, mais celle-cy choque directement la raison & le sens commun ; on sçait bien de qu'elle maniere tous les Receurs ont coustume d'en vser, & les asseurances qu'il leur faut ; ils ne donnent pas des sommes considerables si legerement & sur des simples recepicés, qui ne peuuent operer leur descharge, & sur lesquels ils ne seroient pas bien venus de rendre leur compte.

Mais quand ils auroient esté si bons & si credulles que de compter de l'argent au deffendeur sur des recepicés, en attendant les quittances du Receueur general qu'il auoit entre ses mains, & qu'il s'estoit obligé de leur fournir ? est-il vray-semblable que ces Receueurs particuliers l'eussent laissé si long-temps en repos apres la Declaration de Iuillet 1648. & qu'ils ne l'eussent point poursuiuy, pour auoir des quittances qui leur estoient absolument necessaires pour rendre leur compte ; Le bruit de sa cheute ne les auroit-il point allarmés & mis en campagne ? les auroient-ils laissé plus long-temps entre les mains d'vn homme perdu de credit ? auroient-ils souffert qu'il les eust mis en depost sans les reclamer ? n'en auroient-ils pas fait la recherche, & ne les auroient-ils pas fait saisir entre les mains d'vn depofitaire connu pour tel de toute la ville de Lion ? Si ces quittances leur appartenoient , à quoy fongeoient-ils de ne les point retirer , & de n'en pas faire feulement vne demande? Mais à quoy fongeoit auffi le deffendeur , de figner en 1651. les 2. 3. & 4. Inuentaires, dans lefquels ces mefmes quittances fe trouuent encores énoncées ; tellement que tant s'en faut qu'elles fuffent acquittées lors de la reuocation des prefts , elles eftoient deuës en 1651. par la propre confeffion du deffendeur.

A ce menfonge il en adjoûte vn autre , quand il dit que fur les années 1642. 1643. & 1644. il en faut diftraire dix mil liures pour la portion des Sieurs de Pradel & Robbio, comme s'il ne fçauoit pas bien que leur focieté n'a commencé que le 12. Mars 1648. pour les années 1645. 1646. & fuiuantes ; Les deux Sentences Arbitrales renduës entr'eux le 25. Iuin 1653. & le 10. Octobre 1654. font affez voir qu'ils n'eftoient point affociez pour 1642. 43. & 44. partant le deffendeur n'a rien à communiquer auec eux pour ces années là , de forte que ces dix mil liures joints , auec quatre-vingts treize mil cinq cens liures , & les deux cens vingt liures qu'il aduoüe n'auoir compté, fait vn autre recelé, dont il ne peut pas fe mettre à couuert, ny fe deffendre.

Par le compte que le deffendeur a prefenté au Confeil en 1657. il a fait reprife fur l'année 1643. pour deniers comptés & non receus de la fomme de vingt-deux mil liures , & fur l'année 1644. il a fait vne autre reprife de cinquante-trois mil cinq cens nonante-trois liures, ces deux fommes montent à celle de feptante-cinq mil cinq cens nonante-trois liures, qui jointe auec les fept mil neuf cens foixante-cinq liures fept fols fix deniers, qu'il auoit à prendre pour l'année 1642. fur l'Eflection de Vienne , fait la fomme de quatre-vingts trois mil cinq cens cinquante-huict liures fept fols , donc il luy eftoit deub fur ces trois années plus de foixante mil liures , & de quelque cofté qu'il fe tourne il ne peut éuiter fa conuiction ; mais peut-eftre qu'il aura declaré plus franchement & de meilleure foy ce qu'il auoit à prendre fur les années 1645. & 1646.

Il paroift aux articles 6. & 7. de ce fecond Inuentaire , que pour l'année 1645. il eftoit deub au deffendeur en fept quittances, fur l'Eflection de Vienne , la fomme de cent foixante vn mil trois cens quatre-vingts cinq liures dix fols huict deniers , & en deux autres quittances la fomme de mil quarante-fept liures fept fols fix den. Il paroift encore aux articles 8. 9. 10. & 11. du mefme Inuentaire,

que

ue pour l'année 1646. il luy eſtoit deub ſur l'Eſlection de Vienne
d'vne-part deux cens dix-huiĉt mil huiĉt cens ſoixante-quatorze
liures ſix ſols huiĉt deniers en treize quittances, d'vne autre ſur la
meſme Eſlection deux mil deux cens quatre-vingts quatre liures
ſix ſols deux den. Sur la Generalité de Dauphiné, neuf mil trois
cens vingt-trois liures deux ſols ſix den. Sur la Recepte generale du
Pays, quatorze mil quatre cens liures en deux quittances; deplus, il
luy eſtoit encores deub pour l'année 1646. vne autre ſomme de dix-
huiĉt mil huiĉt cens quatre-vingts deux liures, couchée dans l'article 22. du ſixieſme Inuentaire.

Ces ſept ſommes differentes deuës au deffendeur pour les années
1645. & 1646. montent à la ſomme de quatre cens vingt-ſix mil
cent quatre-vingts ſeize liures; Et quand il faudroit déduire, comme il pretend, cent quarante-ſept mil quatre cens quatre-vingts
liures pour la part des Sieurs de Pradel & Robbio ſes aſſoſſiez, il
reſte touſiours de reuenant bon au deffendeur deux cens ſoixante
dix-huiĉt mil ſept cens ſeize liures, neantmoins il n'en declare dans
ſon Concordat que cent ſoixante-ſeize mil liures; De quel nom
faut-il appeller cent deux mil ſept cens ſeize liures qu'il taiſt & qu'il
diſſimule?

Toutes ces ſommes ſont ſi clairement iuſtifiées, que le deffendeur eſt contraint d'en demeurer d'accord : Il aduoüe que toutes
les quittances qui luy eſtoient deuës, reuiennent en bon calcul à ladite ſomme de quatre cens vingt-ſix mil cent quatre-vingts ſeize
liures; Mais il dit en premier lieu, comme des années 1642. 1643.
& 1644. qu'il auoit deſia receu des Receueurs particuliers, auparauant la reuocation des preſts, vne ſomme de quatre-vingts dix-neuf
mil deux cens quatre-vingts cinq liures ſur des ſimples recepicés;
mais il ne l'authoriſe pas mieux, & cette reſponſe a eſté ſi fortement
combatuë, qu'il eſt inutile de la rabatre.

Quant aux trois mil quatre cens trente-vne liures qui reſtent à ſon
conte, il demeure d'accord qu'il n'en a fait aucune mention dans le
Concordat, mais il n'appelle pas cela diuertiſſement, il ne fait pas
des ſouſtraĉtions de ſi peu de choſe, pour le couurir d'vn nom plus
honneſte; c'eſt erreur de calcul, & non pas vn recelé, ſi ce n'eſt
qu'on le faſſe entrer auec la ſomme de quatre-vingts dix-neuf mil
deux cens quatre-vingts cinq liures; Pour faire vn recelé conſidera-
ble de cent deux mil ſept cens ſeize liures, c'eſt beaucoup ſur les
années 1645. & 1646. mais il en a fait encores vn plus énorme ſur
l'année 1647.

Pour sçauoir au vray ce que le deffendeur a recelé sur l'année 1647. il faut premierement sçauoir ce qui luy estoit deub ; & pour le sçauoir, il ne faut que jetter les yeux sur le second Inuentaire; L'article 12. contient vnze quittance de l'Espargne, & de l'Extraordinaire des Guerres, qui reuient à quatre cens vingt-sept mil deux cens trente-quatre liures vnze sols six den. La premiere est iustifiée par l'article 12. du sixiesme Inuentaire ; les autres dix quittances sont encores rapportées dans les articles 5. 6. 7. 8. 9. 10. 11. 12. 13. & 14. du septiesme & dernier Inuentaire ; tellement qu'il n'est pas loisible de les reuoquer en doute sur la foy de tant d'Inuentaires qui s'aydent mutuellement, & qui se donnent du iour l'vn à l'autre.

Outre ces vnze quittances de quatre cens vingt-sept mil deux cens trente-quatre liures vnze sols six deniers, le deffendeur auoit encores à prendre pour l'année 1647. apres la reuocation des prests sur l'Eslection de Vienne, quatre-vingts dix-neuf mil quatre cens soixante-dix liures quatre sols, en sept quittances rapportées dans l'article 13. du second Inuentaire, dont les six premieres conuiennent auec l'article du 13. du sixiesme Inuentaire, & la septiesme, auec l'article 3. du septiesme Inuentaire.

Deplus, il luy estoit encores deub, apres la reuocation des prests pour la mesme année 1647. sur l'Eslection de Montelimard, trente-cinq mil vingt-neuf liures seize sols contenuës dans vne rescription, & vne quittance du Sieur de Portes, lesquelles sont couchées dans l'article 14. du second Inuentaire, & confirmées par l'article 14. du sixiesme Inuentaire; il luy estoit encores deub pour l'année 1647. sur l'Eslection de Valance, soixante-six mil cent quatre-vingts neuf liures seize sols trois deniers, en cinq quittances & rescriptions portées par l'article 15. du second Inuentaire, dont les quatre premieres se rapportent auec le 15. article du sixiesme Inuentaire, & la cinquiesme auec l'article 4. du dernier Inuentaire ; Il y faut encores adjouster cent trente mil deux cens quatre-vingts quatre liures quatorze sols six deniers, que le deffendeur auoit droict de receuoir sur l'Eslection de Gap, en cinq quittances du Sieur de Portes, comprises dans l'article 16. du second Inuentaire, dont les deux premieres sont encores énoncées dans l'article 16. du sixiesme Inuentaire, & les trois autres sont rapportées derechef pour mesmes sommes dans vn estat escrit de la main du deffendeur, contenant le transport qu'il fist à Maistre Iean Vidaud Conseiller au Presidial de Lion, & à Boisse Banquier de la mesme Ville.

Le deffendeur auoit aussi droict de prendre pour l'année 1647.
sur l'Esslection de Briançon, soixante-douze mil quatre cens cinquante-huict liures deux sols huict deniers, en quatre quittances
signées du Sieur de Portes, & couchées dans l'article 17. du second
Inuentaire conforme à tous les autres : La premiere de ces quatre
quittances est encores rapportée au 17. article du sixiesme Inuentaire ; Pour la seconde & troisiesme, il en est encores fait mention
dans l'article 1. & 2. du septiesme Inuentaire : La quatriesme seroit
encores en cét estat des pieces, dont le deffendeur fist transport audit Sieur Vidaud Conseiller, le 14. Septembre 1649.

En l'article 18. du second Inuentaire, il luy estoit encores deub
sur l'année 1647. de compte fait & arresté auec le Sieur Favre
Commis de l'Espargne du Roy, trois cens mil trois cens vingt liures quatre sols quatre deniers ; ce qui quadre encores fort bien
auec l'article 18. du sixiesme Inuentaire, qui est tout conforme :
Deplus, il luy estoit encores deub pour l'année 1647. sur les Ponts
& Chaussées huict mil cent nonante-sept liures dix-sept sols six
deniers ; ce qui pareillement est iustifié par l'article 19. du second
Inuentaire, & par l'article 19. du sixiesme Inuentaire, dont la con-
frontation rend encores la preuue plus indubitable : Il luy estoit encores deub pour l'année 1647. dix-neuf mil cent quatre-vingts
vnze liures vnze sols, en quatre quittances contenuës dans l'article
23. du second Inuentaire ; la premiere de l'Espargne de quatre mil
cinq cens quatorze liures cinq sols ; la deuxiesme du Sieur Durand,
Syndic des Communautez de Dauphiné de quinze cens liures ; la
troisiesme est vn billet de Monsieur de Sully, portant receu de trois
mil liures ; la quatriesme est vn compte signé du Sieur de Portes,
auec promesse de dix mil cent soixante dix-sept liures six sols, tout
cela non seulement est énoncé dans l'article 23. du second Inuentaire ; mais deplus il est iustifié par les articles 17. 19. 20. & 21. du
septiesme Inuentaire qu'il luy sert d'appuy ; Deplus en l'année
1647. il a receu les gages de plusieurs Offices qu'il auoit entre les
mains par forme de nantissement pour seureté des sommes, dont le
Sieur le Vieux Receueur de l'Esslection de Vienne, & Proprietaire
desdits Offices, luy estoit debiteur ; Il ne se peut pas exempter d'en
rendre compte non plus que du reste.

Il paroist encores par le second Inuentaire sur la fin, qu'il auoit
à recouurer sur les Tailles de l'année 1647. vnze quittances signées
du Sieur de Portes, montants la somme de quatre cens trente-trois

mil neuf cens quatre-vingts deux liures douze fols , dont le deffendeur fift tranfport au Sieur Vidaud de Lion le 27. Iuillet 1648.
apres la reuocation des prefts.

Deplus , il auoit a recouurer pour la mefme année cent quatre-
vingts dix-neuf mil neuf cens huict liures dix fols , en trois quittances de l'Efpargne rapportées dans le troifiefme Inuentaire ; & dans
le dernier aux articles 15. 16. & 18. il auoit encores à receuoir fur
l'année 1647. vne quitance de l'Efpargne de trente-trois mil liures,
dont il eft parlé au quatriefme Inuentaire , & au dernier article 22.
du feptiefme Inuentaire , & trois autres de l'Efpargne ; la premiere,
de foixante-quinze mil deux cens trente-fix liures ; la feconde , de
trente-fix mil fept cens liures ; la troifiefme , de trente-vn mil fix
cens quatre-vingts liures : Il ne parle point en fes Inuentaires de ces
trois derniers quittances, mais il les auoit retenuës entre fes mains;
& c'eft vne verité conftante & iuftifiée tant par le compte que le
deffendeur a rendu au Confeil Priué du Roy , que par celuy qu'il a
fait auec le Sieur de Portes, donc joignant fes trois dernieres fommes auec les precedantes, il paroift, & le deffendeur n'en difconuient pas , que fur l'année feule de 1647. il eftoit deub dix-neuf
cens cinquante-huict mil huict cens quatre-vingts trois liures , fur
laquelle fomme il y a premierement quatre déductions à faire.

La premiere eft de cinq cens quarante-trois mil neuf cens quarante-huict liures , à quoy montent les fommes de cent quatre-
vingts fept mil cinq cens liures , & de trois cens cinquante-fix mil
quatre cens quarante-huict liures , que le deffendeur eftoit obligé
fur l'année 1647. de rapporter en quitances de l'Efpargne ou autres,
à la defcharge du Sieur de Portes Receueur general de la Prouince
de Dauphiné , dans laquelle fomme de cinq cens quarante-trois mil
neuf cens quarante-huict liures , eft nommement compris vne quittance de l'Efpargne de cent quarante-huict mil trois cens cinquante
liures , qui fut adjugée au Sieur Vidaud de Lion par les Arrefts des
31. Mars & 22. Aouft 1654. pour en valider cinq autres fignées dudit
Sieur de Portes, auffi adjugées par lefdits Arrefts audit Sieur Vidaud.

La feconde eft de foixante-fix mil huict cens quatre-vingts treize
liures cinq fols qui reftoient à payer par le deffendeur aux Sieurs
Sublet & de Meules Treforiers ordinaires des Guerres , fur deux
quittances du Taillon , qui font les deux dernieres de l'article 12. du
fecond Inuentaire , l'vne de foixante-vn mil trois cens trente-cinq
liures compofée de quatre, faifans quinze mil trois cens trente-trois

liures quinze fols chacune , & l'autre de foixante-deux mil fix cens quatre-vingts feize liures quatre fols , compofée de deux , chacune de trente-vn mil trois cens quarante-huict liures deux fols ; lors de la reuocation des prefts le deffendeur n'auoit encores payé que quinze mil trois cens trente-trois liures quinze fols d'vne-part , & quarante-vn mil huict cens quatre liures quatre fols d'autre , fur ces deux quitances principales , montantes à la fomme de cent vingt-quatre mil trente-vne liures quatre fols , tellement qu'il en reftoit encores à payer foixante-fix mil huict cens quatre-vingts treize li-ures cinq fols : Ces deux premieres déductions fe prennent d'vn compte que le deffendeur & le Sieur de Portes ont fait enfemble, & qui fert encores en paffant à confirmer la verité du contenu dans le fecond Inuentaire.

La troifiefme déduction eft des fommes qui furent adjugées au Sieur Vidaud de Lion , par les Arrefts des 31. Mars & 22. Aouft 1654. Il eft vray que ces fommes montent à trois cens trente-trois mil quatre cens cinq liures douze fols ; mais entre ces trois cens trente-trois mil quatre cens cinq liures douze fols , eft la quitance de l'Efpargne de cent quarante-huict mil trois cens cinquante li-ures , comprife dans la premiere déduction de cinq cens quarante-trois mil neuf cens quarante-huict liures ; ainfi pour ce chef, il n'ef-cheoit à déduire que cent quatre-vingts cinq mil cinquante-cinq liures douze fols.

La quatriefme déduction eft de quarante mil cinq cens liures que Marcial Senemaud , Caiffier du deffendeur , receut quelques iours auparauant la reuocation des prefts du Sieur la Cofte , Receueur de l'Eflection de Valance.

Ces quatre déductions qui montent iuftement à huict cens trente-fix mil trois cens quatre-vingts feize liures dix-fept fols , prifes fur les dix-neuf cens cinquante-huict mil huict cens quatre-vingts trois liures , qui eftoient deuës au deffendeur fur l'année 1647. refte la fomme de vnze cens vingt-deux mil quatre cens quatre-vingts fix liures trois fols , fur laquelle il faut à cette heure déduire la part def-dits Sieurs de Pradel & Robbio. Le deffendeur l'augmente tant qu'il peut , pour diminuer d'autant plus fon recelé ; Il dit qu'ils ont à prendre fur le fonds de la focieté neuf fols fur vingt , & que fur l'année 1647. il leur appartient trois cens quarante-fix mil neuf cens foixante dix-huict liures.

Si les Sieurs de Pradel & Robbio auoient effectiuement fourny dans la societé neuf sols de vingt, ou que le deffendeur n'eust rien aduancé pour eux, cette somme leur seroit deuë sur l'année 1647. & mesme dauantage ; Mais il est constant que le deffendeur auoit fait des aduances fort considerables, & qu'ainsi la part de ses associez en estoit d'autant plus diminuée ; Cela paroist dans les Sentences Arbitrales du 25. Iuin 1653. & 10. Octobre 1654. où est contenu l'estat particulier de toutes leurs pretentions respectiues.

Que demandent de Pradel & Robbio cumulatiuement pour les années 1645. 1646. 1647. & pour les aduances faites sur 1648. & 1649 ? En principal deux cens quatre-vingts dix-neuf mil six cens soixante-sept liures neuf sols, & pour les profits qui leur estoient deubs sur ces mesmes années , cent cinquante-deux mil sept cens quatre-vingts quatorze liures seize sols, cela fait en tout quatre cens cinquante-deux mil quatre cens soixante-deux liures cinq sols ; Voila tout ce qu'ils demandent sur lesdites années 1645. 1646. 1647. 1648. & 1649. Encores le deffendeur de sa part a formé contr'eux vne demande incidante de plusieurs sommes, pour raison desquelles ils sont renuoyez à compte, donc il est certain qu'il y a beaucoup à rabatre sur les quatre cens cinquante-deux mil quatre cens soixante deux liures cinq sols , à quoy se restreignent lesdits de Pradel & Robbio pour lesdites années.

Et quand cette somme de quatre cens cinquante-deux mil quatre cens soixante-deux liures cinq sols , seroit deuë toute entiere ausdits de Pradel & Robbio sur lesdites années , & qu'il n'y auroit aucune déduction à faire pour la demande incidante du deffendeur , il ne leur seroit pas deub sur l'année seule de 1647. trois cens quarantesix mil neuf cens soixante dix-huict liures , car le deffendeur a desia déduit pour leur part sur les années 1645. & 1646. la somme de cent quarante-sept mil quatre cens quatre-vingts liures , donc à son compte mesme il ne leur est deub sur l'année 1647. que trois cens quatre mil neuf cens quatre-vingts douze liures cinq sols , qui fait auec les cent quarante-sept mil quatre cens quatre-vingts liures , la somme de quatre cens cinquante-deux mil quatre cens soixantedeux liures cinq sols , que lesdits de Pradel & Robbio pretendent leur estre deuë sur les années 1645. 1646. 1647. 1648. & 1649. tant pour leur principal que pour leurs profits ; si leur est deub dauantage que trois cens quatre mil neuf cens quatre-vingts deux liures cinq sols sur l'année 1647. il faut que le deffendeur aduouë que sur les années 1645. & 1646. il ne leur est pas deub cent quarante-sept mil quatre cens quatre-vingts liures ; de quelque cofté qu'il fe tourne, il ne peut éuiter la contradiction, & tombe neceffairement dans le menfonge.

En donnant donc au deffendeur tout ce qu'il demande, & prenant fur ladite fomme de vnze cens vingt-deux mil quatre cens quatre-vingts fix liures trois fols ; Trois cens quatre mil neuf cens quatre-vingts deux liures cinq fols pour les Sieurs de Pradel & Robbio, il reftera toufiours encores deub au deffendeur feul fur l'année 1647. huict cens dix-fept mil cinq cens trois liures dix-huict fols ; par le Concordat il en declare feulement trois cens quarante mil liures, qu'a-il donc fait de quatre cens foixante dix-fept mil cinq cens trois liures dix-huict fols ? C'eft la queftion.

Il n'y a point d'imagination à dire, que la fomme de dix-neuf cens cinquante-huict mil huict cens quatre-vingts trois liures luy fuft deuë fur l'année 1647. c'eft vne verité dont il ne difconuient pas luy-mefme ; mais il pretend qu'outre les fommes qui font déduites par le demandeur, il en faut encores diftraire vne quittance de cent foixante-vn mil liures, qui eft la premiere de l'article 12. du fecond Inuentaire ; parce, dit-il, que le Sieur de Guenegaud Treforier de l'Efpargne, retira cette quittance de cent foixante-vn mil liures, & qu'il en donna vne autre de foixante-quinze mil deux cens rente-fix liures, dont ledit deffendeur a fait mention dans l'eftat qu'il a prefenté au Confeil Priué du Roy, & que le deffendeur ne s'eft pas oublié de compter ; pour le furplus, que le Sieur de Guenegaud l'auoit donné à prendre fur les Collecteurs de la Generalité de Dauphiné, & qu'il n'a point eu d'effect ; Mais vne allegation de cette nature n'eft pas capable de donner atteinte à vne verité efcrite ; c'eft vn faict qui n'a pas feulement d'apparence ny de couleur ; & pour le monftrer, il fuffit de dire que le deffendeur a luy-mefme compris cette mefme quittance de cent foixante-vn mil liures, dans le fecond & fixiefme de fes Inuentaires, qu'il a reconnus & fignées en l'année 1651. trois ans apres la reuocation des prefts, dont il n'eft pas vray qu'auparauant le temps elle euft efté ou remife ou échangée.

Il dit encores auec auffi peu de fondement & de preuue, que la quittance de trente-vn mil fix cens quatre-vingts liures, dont le demandeur a fait mention dans la trente-fixiefme piece de la cotte D, de fon Inuentaire, ne doit pas venir en ligne de compte, & qu'elle n'a iamais efté expediée ; Mais ce faict n'eft pas mieux appuyé, car il eſt encores directement contraire à la verité , & au compte que le deffendeur a fait auec le Sieur de Portes , Receüeur general de Dauphiné ; Ce compte n'a iamais eſté debatu par le deffendeur , auſſi feroit-il bien aueuglé de le debattre , puis qu'il luy eſt aduantageux , & qu'il fert de fondement aux deux premieres déductions que le deffendeur luy accorde fur l'année 1647. Or par ce mefme compte dans l'article dernier , il eſt efcrit *vne quitance de l'Efpargne*, *fignée Ioüanin de Caſtille* , pour la defpence des Archers , & tirée en ligne pour trente-vn mil ſix cens quatre-vingts liures ; ce qui fait aſſez voir que ladite quitance a eſté expediée au deffendeur pour rendre au Sieur de Portes en déduction des cinq cens quarante-trois mil neuf cens quarante-huict liures , qu'il eſtoit tenu de luy rapporter , donc cette diminution qu'il pretend eſt auſſi mal fondée que la precedante.

Il s'aduife encores d'vn autre faict , & dit , enſuiuant touſiours fes premieres traces , qu'Eſtienne Romanet Receüeur des Tailles à Romans , auoit vn dixiefme fur l'année 1647. partant qu'il en falloit encores déduire pour luy foixante dix-fept mil cent quarante-cinq liures ; mais où eſt la preuue de ce faict ? où eſt le traité qu'ils ont fait enfemble pour cela ? l'a-il iamais produit ou fignifié ; mais encores où eſt l'argent qu'Eſtienne Romanet Receüeur , a fourny pour entrer en focieté de ce dixiefme , iamais il n'a rien aduancé de fes deniers ; au contraire dans l'article dernier du premier Inuentaire , il eſt couché pour debiteur de foixante-neuf mil ſix cens vingt-vne liures , donc au pis aller il ne pourroit pretendre ce dixiefme fur l'année 1647. qu'en rapportant cette fomme de foixante-neuf mil ſix cens vingt-vne liures , auec les intereſts , qui depuis 1648. ne montent à guere moins de vingt mil liures , encores faudroit-il que pour ce dixiefme il fe pourueuſt fur les effects du Roy. Il n'en voudroit point à ces conditions , & le deffendeur fans doute luy veut encores donner , au preiudice de fes Creanciers legitimes , ce qu'il ne demande pas.

Il adjouſte , en fuppofant touſiours à fon ordinaire , qu'il a donné en payement à quelques-vns de fes Creanciers , vne fomme de fept mil trois cens trente-trois liures ; mais quand on luy demande feulement le nom de ces pretendus Creanciers , ils n'en ont point ; ils ne font point encores baptifez , & font de la fecte des inuinfibles , auſſi bien que tous les autres qu'il a voulu mettre en jeu pour fe couurir ; fi c'eſt à quelques-vns de ceux qui font couchés dans l'Inuen-

taire de ses debtes passiuës , à la bonne heure , mais il n'en peut
auoir d'autres ; car depuis la Declaration du mois de Iuillet 1648.
il n'y a pas eu presse de luy prester ; Ostant donc des huict cens
dix-sept mil cinq cens trois liures dix-huict sols à luy deuës sur
l'année 1647. toutes déductions faites , la somme de trois cens
quarante mil liures qu'il declare par le Concordat , il ne peut éuiter que le residu de quatre cens soixante dix-sept mil cinq cens
trois liures dix-huict sols , ne soit vn veritable recelé , dont les
quatre déductions imaginaires qu'il pretend, outre les cinq qu'on
luy accorde de bonne foy , ne le peuuent garantir : Il ne reste
plus qu'à voir ce qui luy estoit deub sur les années 1648. & 1649.
pour sçauoir en suite ce qu'il en a pareillement souftrait &
diuerty.

L'estat des effects appartenants au deffendeur à cause des aduances qu'il a faites au Roy sur les années 1648. & 1649. contient
en neuf articles, neuf billets ou quittances de l'Espargne , faisans
insemble la somme de cent trente-quatre mil cinq cens cinquante-huict liures cinq sols ; A la fin de ce mesme estat , il est encores
parlé d'vne autre quittance de l'Espargne de trente-six mil quatre
cens vingt-huict liures aduancées au Roy par le deffendeur & ses
associez , sur & tant moins d'vn traité de trois cens mil liures qu'il
auoit entrepris encores apres la reuocation des prests ; il est vray
que ce traité n'a pas eu son execution toute entiere, mais il est certain que le deffendeur en a profité , & receu comptant six mil li-
res , dont il faut déduire pour la part des Sieurs de Pradel &
Robbio deux mil sept cens liures , resté trois mil trois cens liures
pour la part seule du deffendeur , laquelle jointe auec la somme
de cent trente-quatre mil cinq cens cinquante-huict liures cinq
sols , fait celle de cent trente-sept mil huict cens cinquante-huict
liures cinq sols, surquoy il n'escheoit rien à déduire ; car pour le
sixiéme , dont il a esté parlé cy-dessus, Estienne Romanet Receueur de Romans , ne peut & ne voudroit pas mesme le pretendre;
pour la part des Sieurs de Pradel & Robbio , elle est comprise
dans les quatre cens cinquante-deux mil quatre cens soixante-
deux liures cinq sols, dont on leur a desia tenu compte , & à laquelle ils ont borné toutes les pretentions qu'ils auoient sur les
années 1645. 1646. 1647. 1648. & 1649. il ne faut pas déduire
deux fois vne mesme somme deux fois ; qu'a donc fait le deffen-

C

deur de ces cent trente-sept mil huict cens cinquante-huict liures cinq sols, il n'en accuse par son Concordat que trente-cinq mil liures; c'est à luy de iustifier, s'il peut, ce que sont deuenuës les cent deux mil huict cens cinquante-huict liures cinq sols restantes.

Il faut qu'il soit las de feindre de l'employ, ou qu'il n'en puisse plus inuenter, mais il n'en a plus aussi besoin, car il n'aduoüe pas le contenu dans ce dernier estat, semblable à la vieille qui cassa le miroir, parce qu'il luy representoit ses rides : Il voudroit bien aussi déchirer cette piece, & briser cette glace fidelle qui luy met deuant les yeux l'image de ces recelés, & de sa turpitude ; il l'a rejette, & dit qu'elle ne peut estre d'aucune consideration, parce qu'elle ne porte pas son sein & ses caracteres ; il est vray que ce dernier estat n'est pas signé de luy, ny d'aucun des siens ; mais il ne peut pas le desaduoüer, s'il ne veut aussi desaduoüer deux Lettres qu'il escriuit au demandeur en datte des 12. & 19. Aoust 1648. par lesquelles il reconnoist luy estre deub sur les années 1648. & 1649. la somme de cent mil liures, comme il se voit pressé par ces Lettres qui sont produites & rapportées ; Il confesse de l'auoir escrit à la verité, mais que c'estoit dans vn temps où la douleur & l'affliction luy ostoient la connoissance de ses affaires, & qu'il ne sçauoit pas en vn mot ce qu'il escriuoit.

Cette deffence n'est pas seulement ridicule, mais pour monstrer qu'elle est pleine de supposition & de fausseté, le demandeur produit vn extraict qu'il tira des liures du deffendeur au mois de Decembre de l'année 1649. vn an & demy apres la reuocation des prests ; & cét extraict contient par estat & en particulier toutes les sommes qui luy estoient deuës en billets ou quittances de l'Espargne, pour les aduances qu'il auoit faites au Roy sur les années 1648. & 1649. reuenants à la susdite somme de cent trente-quatre mil cinq cens cinquante-huict liures cinq sols, dont il est encores pris de ce costé-là ; car puis que par son Concordat il ne declare pour les années 1648. & 1649. que trente-cinq mil liures, de cent trente-sept mil huict cens cinquante-huict liures cinq sols qui tournent à son profit particulier, il faut qu'il aduoü qu'il a fait encore vn recelé de cent deux mil huict cens cinquante-huict liures cinq sols.

Faisant donc la recapitulation de tous ces recelés, & accumulant ensemble les quatre cens soixante dix-neuf mil soixante-vnz liures qu'il a recelé fur le premier Inuentaire de fes debtes actiues, les cent trois mil fept cens vingt liures, qu'il a recelé fur les années 1642. 1643. & 1644. les cent deux mil fept cens feize liures, qu'il n'a pas declaré fur les années 1645. & 1646. les quatre cens feprante-fept mil cinq cens trois liures dix-huict fols, qu'il a fouftrait fur l'année feule de 1647. & les cent deux mil huict cens cinquante-huict liures cinq fols qu'il a recelé fur les années 1648. & 1649. il fe trouuera la fomme de douze cens foixante-trois mil huict cens foixante-neuf liures, c'eft à dire qu'il a recelé; fçauoir en fes debtes actiues contenus dans le premier Inuentaire, la valeur de quatre cens foixante dix-neuf mil foixante-vnze liures, & en quittances de l'Efpargne, ou autres fignées dudit Sieur de Portes, la fomme de fept cens quatre-vingts quatre mil fept cens nonante-huict liures.

Cela fembleroit fort eftrange dans vn autre, mais dans vn homme qui a traité des Tailles fix années, dont la moindre luy a jetté plus de deux cens mil liures de profit : Il n'y a pas tant lieu de s'en eftonner, & quelque grand & monftreux que paroiffe ce recelé, il eft certain, éuident & palpable, car le demandeur ne fe contente pas de le prouuer fimplement, mais il le demonftre, & le fait toucher au doigt.

Si des preuues fi fortes & fi conuainquantes auoient befoin d'adminicules, on pourroit y joindre ce qu'il a fouuent efcrit depuis la reuocation des prefts, qu'il auoit huict cens mil liures de bien, toutes fes debtes payées ; Eft-ce encores des vifions qu'il efcriuoit? ou bien dira il encores que la Declaration du mois de Iuillet 1648. l'auoit tellement eftourdy & abbatu, qu'il ne luy reftoit pas affez de liberté ny de jugement pour fçauoir ce qu'il vouloit dire ? fi ces Lettres eftoient toutes feules, on pourroit peut-eftre les foubçonner de quelque déguifement ; mais eftans appuyées de tous ces Inuentaires qu'il a fignés, elles ne laiffent pas de porter grand coup, & de jetter des efclairs en cette nuict obfcure, dont le deffendeur a voulu couurir fes fraudes & fes tromperies.

Mais ce n'eft pas encores affez de luy porter dans les yeux la lumiere de fes Inuentaires, & de fes miffiues, il faut encores qu'il aduoüe fes recelés, ou qu'il confeffe d'auoir menty impudemment à la face de la Iuftice ; car quand il obtint l'Arreft du fixiefme Septembre 1651. par lequel il luy fut permis de faire appeller ſes Creanciers, il expoſa par ſa Requeſte énoncée dans ledit Arreſt, qu'il auoit des effects pour plus de quatorze cens mil liures; ſçauoir iuſqu'au dernier Decembre 1646. la ſomme de quatre cens mil liures, ſur l'année 1647. huiſt cens mil liures, & ſur les années 1648. & 1649. deux cens mil liures.

Eſtoit-ce encores là des illuſions qu'il faiſoit à la Iuſtice? eſtoit-ce des chimeres qu'il repreſentoit à la Cour? mais pluſtoſt ſupputant ces ſommes qu'il aduoüoit, auec celle de cent ſoixante-trois mil ſept cens vingt liures dix ſols qu'il n'accuſoit pas, & qui pourtant luy eſtoit deuë ſur les années 1642. 1643. & 1644. n'eſt-ce pas vne entiere conuiction de tout le recelé, il ſemble fort extraordinaire, & preſque incroyable, mais peut-on le mettre dans vn plus beau iour, & l'eſtablir ſur des preuues plus concluantes & plus ſenſibles, que celles qui reſultent de tant de pieces ſi authentiques & ſi vniformes? Ce ne ſont donc plus des imaginations & de ſonges, puis que toutes les tenebres ſont diſſipées, puis que le recelé paroiſt à nud, puis qu'il n'a plus de retraire pour ſe cacher, & que tout le monde le peut voir & toucher ſenſiblement.

Ainſi de deux choſes l'vne, ou que le deffendeur repreſente ſes quittances, & autres effects contenus dans ſes Inuentaires, ou du moins qu'il declare ce qu'il en a fait; s'il ne peut iuſtifier de leur employ qu'il les rapporte, le demandeur offre, comme il a touſiours fait, d'en prendre pour ſon payement au dire d'Experts; il n'en veut point à ſa vie, il ne demande que ſon deub, en quoy le bleſſe-il? il ne l'oblige pas à l'impoſſible, car il peut faire ſans peine l'vn ou l'autre, s'il eſtoit auſſi bien dans ſa mauuaiſe volonté, comme il eſt en ſon pouuoir.

Apres cela les autres Creanciers du deffendeur ont-ils raiſon de craindre que les parties ne colludent enſemble, parce qu'ils ſont freres? Il n'y a pas beaucoup d'apparance; car qui peut eſtre plus raiſonnablement ſoubçonné d'auoir intelligence auec le deffendeur, ou le demandeur qui porte le flambeau iuſques dans le fonds de ſes recelés, & qui leur arrache le voile? ou ces Creanciers interuenants qui le voyent tous les iours retirer le plus liquide de ſes debiteurs, & qui le laiſſent faire? Par le Concordat qu'il a fait auec eux, il s'eſtoit obligé de faire ratifier Iean Romanet à des conditions qui leur eſtoient aduantageuſes, parce

qu'elles leur donnoient vne preferance ; neantmoins ils ne fe
font iamais mis en peine d'auoir cette ratification , ils ont choifi
cinq directeurs , à la charge de ne le point pourfuiure s'il ne leur
plaift , non feulement ils n'ont pas declaré fes diuertiffemens ,
ny veillé à la découuerte des effects qu'il ne declaroit pas ,
mais encores ils l'ont laiffé maiftre de ceux qu'il declaroit , &
ne l'ont iamais obligé ny pourfuïuy pour en rendre compte.

Le demandeur auroit à fouhaiter que ceux aufquels il s'eft en-
gagé pour le deffendeur , fuffent auffi patiens & benins ; mais
que peut-on iuger d'vne tolerance fi extraordinaire , finon que
ces Creanciers font vn corps eftranger , auquel le deffendeur
infpire le mouuement , & dont il fe fert comme d'vne machi-
ne de Theatre , qu'il pouffe , & qu'il retire , qu'il fait parler &
taire quand il veut ; mais fans approfondir cette matiere , ny
fonder plus auant le cœur & la penfée de ces Creanciers qui
viennent à la trauerfe , ou leur intereft eft feint , ou veritable ;
s'il eft feint & fimulé , comme il y en a beaucoup de marques ,
leur interuention eft vne charité injufte & cruelle ; fi leur intereft eft veritable , peuuent-ils doubter quel party prendre ; le
demandeur leur ouure le chemin de falut , c'eft l'Ange qui trou-
ble la pifcine , il ne tient qu'à eux de fe jetter dedans auec luy ,
ils peuuent puifer dans la fource qu'il leur monftre , & fe faire vn
remede du fien.

Il leur a découuert les effects que le deffendeur a fouftrait &
diuerty , il n'empefche pas qu'ils ne fe vangent deffus , & qu'ils
ne fe pouruoyent comme bon leur femblera , pour éuiter la con-
tribution ; mais s'ils veulent feulement prefter leur ombre , s'ils
fuiuent l'impreffion du deffendeur , & s'ils ont enuié de fauori-
fer fes mauuais deffeins & fes fuites , Il demande contr'eux qu'il
plaife à la Cour d'eftouffer leur voix , & rejetter tout à fait leur
interuention , ou du moins retrancher toutes les longueurs , & toutes les remores qu'elle engendre.

Et contre le deffendeur il conclud , à ce qu'il foit condamné
l'exhiber toutes les quittances & effects qu'il doit auoir entre
les mains , outre ceux qu'il a declaré dans fon pretendu Concordat , & qu'à ce faire il foit contraint par toutes voyes deuës
& raifonnables , pour eftre lefdites quittances & autres effects
baillez au demandeur fuiuant l'eftimation au dire d'Experts .

iufques à la concurance de la fomme de foixante-neuf mil trois cens cinquante liures douze fols , auec les interest depuis le deuxiefme May 1655. dont il eft Creancier legitime , & qu'il a iuftifié luy eftre deuë en qualité de fidejuffeur & mandataire.

Monfieur DV METZ, Rapporteur.

www.ingramcontent.com/pod-product-compliance
Lightning Source LLC
LaVergne TN
LVHW051339200726
843510LV00002B/715